Calouan
Clémence Ihizçaga

Pipite a disparu

Pipite has disappeared

Zoom éditions

A Pierre, pour toujours
Calouan

Aujourd'hui est un grand jour pour Pierre,
il déménage.

Today is a great day for Pierre,
he is moving.

4

Les cartons sont prêts, **les meubles** sont emballés et le camion attend **devant la maison** d'être chargé.

The cardboard boxes are ready, **the furniture** is packed and the truck is waiting **in front of the house** to be loaded.

Pierre est heureux : il va avoir une nouvelle maison.
Avec un jardin. Et une balançoire. Il pourra y **planter des fleurs**.

Pierre is happy: he is going to have a new house **with a garden** and a swing. He will be able **to plant flowers**.

Il fait un dernier tour des pièces
et s'arrête soudain.
« Où est Pipite ? »
Pipite c'est **le petit chat** de Pierre,
son fidèle compagnon.

He goes around the rooms for the
last time and stops suddenly.
«Where is Pipite ?»
Pipite is Pierre's **little cat**,
his faithful companion.

Il doit se rendre à l'évidence : **Pipite a disparu**.
Affolé, Pierre cherche **dans sa chambre**, pousse les cartons,
regarde **derrière la grosse armoire** qui est encore là…

Mais non.

He has to face the fact : **Pipite has disappeared**.
In a panic, Pierre looks **in his room**, pushes the
cardboard boxes around, looks **behind the big
cupboard** which is still there.

But no.

Il file dans la chambre de ses parents,
jette un œil dans **le grand tapis enroulé**.
Toujours pas.
Il visite **la salle de bain** : peut-être dans
le petit placard sous **le lavabo** ?
Non.

He runs into his parents' bedroom,
looks in **the big carpet which is rolled-up**.
He still can't find Pipite.
He goes into **the bathroom** : maybe in
the little cupboard under **the washbasin**?
No.

13

Il tire **le rideau de la douche**, espérant que Pipite sera caché derrière. **Encore non**.

He pulls **the shower curtain** hoping that Pipite will be hiding behind it - **but no**.

Pierre appelle mais **aucun ronronnement** rassurant ne vient répondre à sa détresse.
Il dévale les escaliers, entre dans la cuisine, ouvre toutes les portes de placard…

Pierre calls out but **no reassuring purring answers** his distressful call.
He rushes down the stairs, goes into the kitchen and opens all the cupboard doors.

17

Il observe derrière chaque carton fermé, dans les sacs de nourriture que maman a préparés pour que la famille puisse manger durant le trajet, **derrière le réfrigérateur**, le lave-vaisselle… **Pipite n'est nulle part**.

He looks behind each closed box, in the bags of food that Mummy has prepared for the family to eat on the journey, **behind the refrigerator**, the dishwasher.... **Pipite is nowhere to be seen**.

Il reste un espoir : **le salon**.

Pierre se glisse derrière le gros buffet, met la main entre
les chaises empilées, soulève **les coussins du canapé**,
va même chercher dans le globe du lampadaire...

There is still a hope: **the lounge.**

Pierre slides behind the big sideboard,
puts his hand between the piled up
chairs, lifts up **the sofa cushions**,
even looks into the glass lampshade....

« Pipite ! Pipite ! **Où es-tu ?** »

Soudain un petit cri plaintif.
« **C'est lui !** »

«Pipite! Pipite! **Where are you ?**»

Suddenly there is a little plaintive cry.
«**It's him !**»

Pierre en est certain, il reconnaît **le petit miaulement** de son chaton.
Le bruit vient de **la cave**.

Pierre is certain, he recognizes his kitten's **soft mewing**.
The noise is coming from **the cellar**.

Il se précipite et découvre **son petit chat** coincé derrière une pile de cartons, prêts à être embarqués dans le camion de déménagement.

He rushes to the cellar and finds **his little cat** stuck behind a pile of cardboard boxes, ready to be embarked on the removal van.

Sa patte est retenue dans un tas de gros scotch marin et il essaie de l'arracher nerveusement.

His leg is held by a lot of heavy sticky tape which he nervously tries to remove.

Pierre est rassuré. Pipite n'est pas parti.
Délicatement, il l'aide à se débarrasser de ce collant
qui le retient.

Pierre is reassured. Pipite didn't go away.
He delicately frees Pipite of the sticky tape which is
retaining him.

Et se hâte de rejoindre ses parents qui l'attendent pour une longue route vers une autre maison.

Pipite se loge **sur ses genoux** quand il monte dans l'auto familiale et ne bouge plus de **tout le voyage**.

And then he hurries to join his parents who are waiting for him for the long journey to another house.

Pipite finds a place on **Pierre's lap** when he gets into the family car and doesn't move any more throughout **the whole journey**.

Il est temps de dire adieu à cet endroit où ils ne vivront plus jamais.

It is time to say goodbye to this place where they will never live again.

CW 8950

Toute la maison
The house

le garage
the garage

le jardin
the garden

34

le toit
the roof

le grenier
the attic

le premier étage
the first floor

les toilettes
the toilet

la salle de bain
the bathroom

e rez-de-chaussée
the ground floor

les chambres
the bedrooms

le salon
the lounge

la salle à manger
the dining room

la cuisine
the kitchen

l'entrée
the entrance hall

les escaliers
the stairs

la cave
the cellar

35

Où habites-tu ?
Where do you live?

Où cuisines-tu ?
Dans la cuisine

Where do you cook?
In the kitchen

Où manges-tu ?
Dans la salle à manger, sur la table

Where do you eat?
In the dining room, on the table

Où regardes-tu la télévision ?
Dans le salon

Where do you watch television?
In the lounge

Où dors-tu ?
Dans la chambre, dans ton lit

Where do you sleep?
In the bedroom, in your bed

Où joues-tu ?
Dans le jardin

Where do you play?
In the garden

38

Où te laves-tu ?
Dans la salle de bain

Where do you wash yourself?
In the bathroom

Vocabulaire **Vocabulary**

a	Aujourd'hui	Today
	L'armoire	The cupboard
c	Le canapé	The sofa
	Le carton	The cardboard box
	La chaise	The chair
	Le chat	The cat
d	Déménager	To move
	Derrière	Behind
	Devant	In front of
	La douche	The shower
	La fleur	The flower
f	Se hâter	To hurry
h	Jamais	Never
j	Le jardin	The garden
	Le lavabo	The washbasin
l	La maison	The house
m	Le meuble	The furniture
n	Nulle part	Nowhere
	Planter	To plant
p	Le réfrigérateur	The refrigerator
r	Le rideau	The curtain
	Le tapis	The carpet
t	Toujours	Always